KB211020

제자
복제공장

제자
복제공장

지은이 김나사로
발행일 2021년 05월 12일

펴낸이 이민영
펴낸곳 진리의방주
편집인 최선화
주소 부산광역시 동구 중앙대로260번길 3-11
전화 051-803-0691
등록번호 제2020-000009호(2020.12.22)

저작권ⓒ진리의방주, 2021
ISBN 979-11-974225-0-8

값 4,000원

제자
복제공장

김나사로 지음

진리의방주

모세의 자리에 앉았던 바리새인,
사도들의 자리에 앉아 있는 목회자

▶ 목회자의 가장 첫 번째 의무는 하나님께서 명하신 말만을 전하는 것이다.

▶ 진정한 설교자는 야곱의 허물과 이스라엘의 죄를 고할 수 있어야 한다.

▶ 지금 교회 안에는 사도들이 전한 본질적인 복음은 사라지고 청중의 구미에 아부하는 사람의 소리만 가득한다.

▶ 바리새인의 후예인 목회자들을 한없이 존경하는 맹인 된 교회

▶ 지금 교회는 자기 인생을 위한 고생의 십자가를 주님을 위한 고난의 십자가로 착각하고 있다.

▶ 교회가 소원해야 하는 부요는 풍성한 물질적 부요가 아니라 풍성한 성령의 열매 맺는 삶이다.

▶ 지금 교회는 멸망의 산에서 천하만국 영광을 소원하며 사탄을 경배하고 있다.

▶ 많은 목회자가 악착같이 전도해서 주님의 제자를 만드는 것이 아니라 신축 예배당 건물의 벽돌 덩어리를 만들고 있다.

▶ 뱀의 후예들이 교인을 배나 지옥 자식 만드는 낚싯밥은 낙관적 구원관과 무조건적 축복관이다.

▶ 그 옛날 주인이신 주님은 최후로 십자가를 지셨지만 요즘 종놈들은 편안하고 안정된 노후에 집착한다.

모세의 자리에 앉았던 바리새인,
사도들의 자리에 앉아 있는 목회자

———

목회자의 가장 첫 번째 의무는 하나님께서 명하신 말만을 전하는 것이다.

목회 사역은 가장 힘들고 중요하며 영광스러운 일이다. 그것이 힘든 이유는 철저하게 자기 십자가를 지고 제자도를 걸어가야 하기 때문이다. 그것이 가장 중요한 이유는 영원한 생명의 문제를 다루고 있기 때문이다. 그것이 가장 영광스러운 이유는 영광의 주 하나님을 위한 봉사이고 헌신이기 때문이다.

목회자는 하나님의 일을 하고 죄인들을 하나님께로 돌이키기 위해 하나님께로부터 파송된 사람이다. 그러므로 대통령에 의해 임명된 장관이나 국무총리나 외교사절과 같은 사람이 아니다. 사람에 의해 임명된 장관이나 국무총리나 외교사절에게도 요구되는 윤리적 기준과 규범적 기준이 있듯이 당연히 목회자에게도 철저한 기준이 있는데 목회자는 전적으로 하나님이 명하신 말, 하나님이 원하시는 말만 해야 한다는 것이다. "여호와께서 내게 이르시되 너는 아이라 말하지 말고 내가 너를 누구에게 보내든지 너는 가며 내가 네게 무엇을 명령하든지 너는 말할지니라 너는 그들 때문에 두려워하지 말라 내가 너와 함께 하여 너를 구원하리라 나 여호와의 말이니라 하시고 여호와께서 그의 손을 내밀어 내 입에 대시며 여호와께서 내게 이르시되 보라 내가 내 말을 네 입에 두었노라"(렘 1:7~9). "내게 이르시되 인자야 내가 너를 이스라엘 자손 곧 패역한 백성, 나를 배반하는 자에게 보내노라 그들과 그 조상들이 내게 범죄하여 오늘까지 이르렀나니 이 자손은 얼굴이 뻔뻔하고 마음이 굳은 자라 내가 너를 그들에게 보내노니 너는 그들에게 이르기를 주 여호와의 말씀이 이러하시다 하라 그들은 패역한 족속이라 그들이 듣든지 아니 듣든지 그들 가운데에 선지자가 있음을 알지니라 인자야 너는 비록 가시와 찔레와 함께 있으며 전갈 가운데에 거주할지라도 그들을 두려워하지 말고 그들의 말을 두려워하지 말지어다 그들은 패역한 족속이라도 그 말을 두려워하지 말며 그 얼굴을 무서

워하지 말지어다 그들은 심히 패역한 자라 그들이 듣든지 아니 듣든지 너는 내 말로 고할지어다"(겔 2:3~7).

목회자가 하나님께서 명하신 말만을 전하지 않으면 가장 준엄한 심판을 면할 수 없다. "내가 이 두루마리의 예언의 말씀을 듣는 모든 사람에게 증언하노니 만일 누구든지 이것들 외에 더하면 하나님이 이 두루마리에 기록된 재앙들을 그에게 더하실 것이요 만일 누구든지 이 두루마리의 예언의 말씀에서 제하여 버리면 하나님이 이 두루마리에 기록된 생명나무와 및 거룩한 성에 참여함을 제하여 버리시리라"(계 22:18~19).

진정한 설교자는 야곱의 허물과 이스라엘의 죄를 고할 수 있어야 한다.

참 선지자는 잘못된 것을 가증스럽게 여겨야 하고 또한 그 잘못을 도저히 참을 수 없는 의분을 가져야 한다. 목사가 목사답지 못하고 백성이 백성답지 못한 것을 보고도 분노하지 않는 자는 하나님의 사람이 아니다. 거짓 선지자이다.

이사야 선지자는 세상천지에서 자기들만 하나님을 사랑하는 것처럼 착각하고 있는 이스라엘을 향해 그들의 허물과 죄를 고했다. "크게 외치라 목소리를 아끼지 말라 네 목소리를 나팔같이 높여 내 백성에게 그들의 허물을, 야곱의 집에 그들의 죄를 알리라 그들이 날마다 나를 찾아 나의 길 알기를 즐거워함이 마치 공의를 행하여 그의 하나님의 규례를 저버리지 아니하는 나라 같아서 의로운 판단을 내게 구하며 하나님과 가까이하기를 즐거워하는도다"(사 58:1~2).

미가 선지자는 평강 타령하는 거짓 선지자와는 구별된 소명의 길, 부르심의 길에 헌신할 것을 다짐했다. 그래서 하나님의 종은 하나님의 신(神, 靈)을 덧입고 야곱의 허물과 이스라엘의 죄를 고한다고 했다. "내 백성을 유혹하는 선지자들은 이에 물 것이 있으면 평강을 외치나 그 입에 무엇을 채워 주지 아니하는 자에게는 전쟁을 준비하는도다 이런 선지자에 대하여 여호와께서 이르시되 그러므로 너희가 밤을 만나리니 이상을 보지 못할 것이요 어둠을 만나리니 점치지 못하리라 하셨나니 이 선지자 위에는 해가 져서 낮이 캄캄할 것이라 선견자가 부끄러워하며 술객이 수치를 당하여 다 입술을 가릴 것은 하나님이 응답하지 아니하심이거니와 오직 나는 여호와의 영으로 말미암아 능력과 정의와 용기로 충만해져서 야곱의 허물과 이스라엘의 죄를 그들에게 보이리라"(미 3:5~8).

―――
지금 교회 안에는 사도들이 전한 본질적인 복음은 사라지고 청중의 구미에 아부하는 사람의 소리만 가득하다.

성령께서는 이 땅에 오셔서 죄와 의와 심판에 대해 세상을 책망하신다. '죄'라고 했으니, 주님께서 우리의 죄로 말미암아 십자가에서 죽으셨다는 것이고, '의'라고 했으니 주께서 우리를 의롭다 하시기 위해 무덤에서 살아나셨다는 것이고, '심판'이라고 했으니 예수 그리스도께서 '심판의 주'로서 영광 가운데 재림하신다는 것이다.

결국, 성령 하나님의 음성을 요약하면 예수 그리스도께서 십자가에 못 박히신 것처럼 우리도 정(정욕)과 욕심(탐심)을 십자가에 못 박아야 한다는 것이며, 예수 그리스도께서 다시 사셨기 때문에 우리도 새 생명 가운데서 행해야 한다는 것이며, 예수 그리스도께서 심판의 주로서 다시 오실 것이기 때문에 그분 앞에 흠도 점도 없이 나타나기를 힘써야 한다는 것이다. 이 세 가지 주제가 사도들이 전한 복음의 핵심이다.

지금 교회 안에는 이 같은 본질적인 성령의 음성은 소멸

하고 백성의 가려운 귀나 긁어 주는 사람의 소리만 무성하다. "때가 이르리니 사람이 바른 교훈을 받지 아니하며 귀가 가려워서 자기의 사욕을 따를 스승을 많이 두고 또 그 귀를 진리에서 돌이켜 허탄한 이야기를 따르리라"(딤후 4:3~4).

바리새인의 후예인 목회자들을 한없이 존경하는 맹인 된 교회

많은 목회자가 직업적인 권위의식에 사로잡혀 사도처럼 일도 하지 않으면서, 사도처럼 헌신도 하지 않으면서, 사도처럼 전하지도 않으면서, 사도처럼 살지도 않으면서 어리석은 백성으로부터는 사도들만큼이나 한없는 존경과 대접을 받고 있다.

그들의 득의양양한 권위의식을 보면 구약 말기 때 모세의 율법을 사람의 계명으로 해석하면서도 자신들이 율법의 대리자이고 율법의 해석자로 자칭하며 모세의 자리에 앉아 있었던 서기관들과 바리새인들의 근엄한 자태를 보는 것 같다.

그런데도 그들의 권위 의식에 한없는 존경을 보내는 눈먼 교회의 말로가 어찌 될는지 짐작이 간다. "이 땅에 무섭고 놀라운 일이 있도다 선지자들은 거짓을 예언하며 제사 장들은 자기 권력으로 다스리며 내 백성은 그것을 좋게 여 기니 마지막에는 너희가 어찌하려느냐"(렘 5:30~31). "그 냥 두라 그들은 맹인이 되어 맹인을 인도하는 자로다 만일 맹인이 맹인을 인도하면 둘이 다 구덩이에 빠지리라 하시 니"(마 15:14).

먼 훗날 사도 바울이 심판의 주님 앞에서 자신의 억울함 을 하소연하지 않을까? "저는 옷이 두 벌이었는데 저들에 게는 무슨 고급 옷이 저리도 많습니까? 저는 두들겨 맞으 면서 복음을 전했는데 어찌 저들은 저리도 고급스러운 세 단에 심지어는 운전기사까지 대동하고 다닙니까? 저는 굶 주리고 매 맞으면서 복음을 전했는데 어찌 저들은 집집이 심방하면서 융숭한 고급 식사를 배 터지게 대접받고 다니 는 것입니까? 저는 '여우도 굴이 있고 공중의 새도 보금자 리가 있는데'라고 하시던 주님의 발자취를 따라 일생 가난 과 불편함을 기쁨으로 감수하고 살았는데, 저들은 어찌 저 리도 고급 아파트에서 냉장고에는 영양식과 보양식을 가 득 채워 넣고 안락하게 살아가는 것입니까? 저는 내가 가 진 사회적 모든 발판을 벗어 던지고 모든 영향력을 배설물 처럼 버렸는데 저들은 어찌 저리도 갖은 직책의 명함을 파고 갖은 직책의 이력을 자랑하고 다니며 무슨 박사 타이틀은 저리도 자신만만하게 휘날리고 다니는 것입니까?"라고.

지금 교회는 자기 인생을 위한 고생의 십자가를 주님을 위한 고난의 십자가로 착각하고 있다.

목회 사역은 교인에게 꿈을 디자인하게 하는 것이 아니다. 교인들을 세상 사람들보다 잘되게 하고 잘살게 하는 것도 아니다. 또한 "말하면 말하는 대로 된다. 기도하면 부르짖은 대로 응답받는다."라고 긍정의 마인드로 가슴 부풀게 하는 것도 아니다.

목회 사역은 교인들에게 자기를 부인하는 십자가를 지게 하는 것이다. 그런데 이 십자가는 내일의 부와 성공을 위해 오늘의 가난과 실패를 참는 삶이 아니다. 그와 같은 고생은 예수 믿지 않는 사람들도 부자 되고 성공하기 위해서 일평생 짊어져야 하는 운명의 십자가이기 때문이다. 그와 같은 고생은 이 세상에 태어나 온 이상 누구나 져야 하는 자기를 위한 십자가이다.

예수님께서 요구하신 십자가는 자기를 부인하는 십자가이다. 자기를 부인하는 십자가를 지는 삶은 하나님과 원수

된 육신의 정욕과 안목의 정욕과 이생의 자랑에 사로잡히지 않는 삶이다. 그래서 성령의 소욕에 순종하는 삶이다.

───

교회가 소원해야 하는 부요는 풍성한 물질적 부요가 아니라 풍성한 성령의 열매 맺는 삶이다.

성령 하나님께서는 우리로 당신의 뜻에 순종하게 하셔서 열매 맺게 하신다. 결국, 자기를 부인하는 십자가를 지는 삶은 성령의 소욕에 순종하는 삶이고 이는 곧 성령의 열매를 결실하는 삶이다.

성령의 열매는 그리스도의 형상이다. 사도 바울은 사역의 목적을 교회로 꿈을 이루고 응답을 받고 해결을 받고 잘되고 잘살게 하는 데 두지 않고, 그리스도의 형상을 이루게 하는 데 일생을 헌신했다. "나의 자녀들아 너희 속에 그리스도의 형상이 이루기까지 다시 너희를 위하여 해산하는 수고를 하노니"(갈 4:19).

그렇다. 우리가 소유해야 할 부요는 '그리스도의 형상'이다. 그리고 우리가 이루어야 할 꿈 또한 '그리스도의 형상'이다. 그러므로 시편 기자는 이스라엘 땅의 많은 신앙인이 남보다 많은 재산 증식과 자녀들에게 더 넉넉한 재산상

속에 혈안이 되어있을 때, 그런 동족 곧 교우들을 악인으로 정죄하며 자신은 주의 형상으로 만족할 내일의 영원한 삶을 소망했다. "여호와여 이 세상에 살아 있는 동안 그들의 분깃을 받은 사람들에게서 주의 손으로 나를 구하소서 그들은 주의 재물로 배를 채우고 자녀로 만족하고 그들의 남은 산업을 그들의 어린아이들에게 물려 주는 자니이다 나는 의로운 중에 주의 얼굴을 뵈오리니 깰 때에 주의 형상으로 만족하리이다"(시 17:14~15).

지금 교회는 멸망의 산에서 천하만국 영광을 소원하며 사탄을 경배하고 있다.

그런 의미에서 구속받은 '14만4천'이 올라가야 하는 시온산(사 2:1~3; 계 14:1~3)은 세상의 영향력이 아니라, 그리스도의 형상이다.

지금 교회는 시온산이 아니라 사탄이 소유한 천하만국 영광(눅 4:5~7)을 바라볼 수 있는 멸망의 산을 올라가고 있다. 그리고 그 멸망의 산에서 하나님을 예배하는 것이 아니라 한 줌의 천하만국 영광을 소유하려고 소원의 꿈을 디자인하고 있다.

지금 교회는 "주 예수보다 귀한 것은 없다!"라고 일평생 찬송하면서도 세상에서 예수보다 귀한 것이 어찌 그리도 많은지 알다가도 모를 일이다. 그러므로 하나님께서는 아모스 선지자에게 이스라엘 백성의 뜨거운 찬송 소리를 그치게 하라고 책망하셨나 보다. "내가 너희 절기들을 미워하여 멸시하며 너희 성회들을 기뻐하지 아니하나니 너희가 내게 번제나 소제를 드릴지라도 내가 받지 아니할 것이요 너희의 살진 희생의 화목제도 내가 돌아보지 아니하리라 네 노랫소리를 내 앞에서 그칠지어다 네 비파 소리도 내가 듣지 아니하리라 오직 정의를 물같이, 공의를 마르지 않는 강같이 흐르게 할지어다"(암 5:21~24).

많은 목회자가 악착같이 전도해서 주님의 제자를 만드는 것이 아니라 신축 예배당 건물의 벽돌 덩어리를 만들고 있다.

뜨거운 전도 열정으로 바다와 육지까지 샅샅이 뒤져서 교인 하나를 전도하는 것도 중요하지만 그들을 배나 지옥 자식 만들지 않는 것은 더욱 중요한 문제이다. 이유는 서기관들과 바리새인들이 뜨거운 전도 열정으로 교인 하나를 만나서는 그들을 배나 지옥 자식 만들었기 때문이다. "화 있을진저 외식하는 서기관들과 바리새인들이여 너희는 교인 하나를 얻기 위하여 바다와 육지를 두루 다니다가 생기면 너희보다 배나 더 지옥 자식이 되게 하는도다"(마 23:15).

목회자는 불신자를 전도해서 한 사람 한 사람 교회에 출석시키는 것도 중요하지만, 더 중요한 것은 그들로 주님께서 명하신 제자도를 지켜 행하게 하는 것이다. "너희는 가서 모든 족속으로 제자를 삼아 아버지와 아들과 성령의 이름으로 세례를 주고 내가 너희에게 분부한 모든 것을 가르쳐 지키게 하라"(마 28:19~20전). 이유는 교회 출석해서 열심히 "주여! 주여!" 하고도 많은 사람이 배나 지옥 자식이 될 수도 있기 때문이다.

———

뱀의 후예들이 교인을 배나 지옥 자식 만드는 낚싯밥은 낙관적 구원관과 무조건적 축복관이다.

거짓 선지자들은 "주여! 주여!" 하는 사람들에게 항상 달콤하고 부드러운 말로 유혹의 미끼를 던진다. 그래서 그들은 이에 물면 평강을 외친다(미 3:5).

그들이 외치는 평강 타령의 핵심은 예수를 믿음으로 아브라함의 자손이 된 자는 지은 모든 죄를 용서받고 나아가서 앞으로 지을 모든 죄까지 용서받아서 무조건 천국 간다는 낙관적 구원관이며, 하나님의 자녀는 하나님께 메어 달려서 구하고 찾고 두드리면 반드시 해결 받고 응답을 받는다는 무조건적 축복관이다.

—

그 옛날 주인이신 주님은 최후로 십자가를 지셨지만 요즘 종놈들은 편안하고 안정된 노후에 집착한다.

미가 선지자에 의하면 거짓 선지자의 동기는 헌신과 섬김이 아니라 탐욕이다. 그것의 증거가 그들이 입만 열었다 하면 평강을 외치지만 그 입에 무엇을 채워주지 않으면 전쟁을 준비한다는 것이다(미 3:5). 그래서 그들은 좀 더 많은 사례비에 급급해 한다. 좀 더 많은 보너스에 집착한다. 그래서 후안무치하게 거금의 퇴직금까지 두둑이 챙겨 넣는다.

그들은 한번 붙박으면 움직이기 싫어한다. 그리고 종국에는 자기의 자녀까지 붙박게 한다. 이들에게는 하나님의 심판만이 있을 것이다. "그러므로 너희가 밤을 만나리니 이상을 보지 못할 것이요 흑암을 만나리니 점치지 못하리라 하셨나니 이 선지자 위에는 해가 져서 낮이 캄캄할 것이라"(미 3:6).

가짜 제자들을 대량 생산하는
자칭 제자 목회자들

▶ 대량 생산되는 가짜 제자들, 그대가 제자인가?

▶ 주님을 믿었다. 그리고 주님을 따르겠다고 했다. 그러나 발 뻗고 편히 잘 수 있는 보금자리에 집착하는 자는 제자 되기를 포기해라.

▶ 엉덩이에 뿔 난 못된 송아지 새끼처럼 배은망덕한 자칭 제자들, 주님은 세상에서 미움받았는데 종놈 주제에 세상의 칭찬과 영향력을 탐한다.

▶ 아무리 시간이 흐르고, 아무리 시대가 변해도 하나님의 기준은 영원히 변하지 않는다. 그러므로 하나님의 법은 철저하게 집행된다.

▶ 하나님의 말씀은 일점일획도 땅에 떨어지지 않고 그 기준으로 그 법으로 마지막 날에 가짜 제자들을 철저하게 심판하실 것이다.

▶ 제자 되기를 원하는 청지기는 자신의 모든 것이 주인이신 하나님의 것이기 때문에 자기에게 맡겨진 모든 소유를 반드시 하나님의 뜻대로 사용해야한다.

▶ 주님에게서 거절 당한 제자 지원자는 제자 양육 프로그램에 입교해서 대한민국 1등 제자로 이마에 '표' 받았다.

▶ 구원받은 광야 1세대는 사십 년간 일용할 양식의 기적인 만나만을 먹었다. 그러므로 주님께서는 주기도문에서 일용할 양식을 기도 제목의 상한선으로 교훈하셨다.

▶ 제자는 배우는 자가 아니라 따르는 자이다. 곧 주님께서 분부한 모든 것을 지켜 행하는 자이다.

▶ 제자는 주를 위해 목숨까지 버릴 수 있어야 한다. 그러므로 목숨보다 중하지 않은 재물은 당연히 하나님의 뜻대로 모두 사용할 수 있어야 한다.

▶ 처자를 위해서만큼, 하나님의 뜻을 위해 재물을 사용할 수 없는 사람은 하나님과 재물을 더불어 사랑하는 사람이다. 곧 하나님을 미워하는 사람이다.

▶ 자기 식구 한 끼 외식비도 안 되는 물질을 고작 한 달에 한 번 겨우 감사헌금 하고는 생색내는 잔챙이 가짜 제자들

▶ 화 있을진저, 외식하는 가짜 제자 목회자들이여! 너희가 어떻게 지옥의 판결을 피하겠느냐! 바다와 육지를 두루 다녀 교인 하나 전도해서는 배나 지옥 자식 만드는도다!

가짜 제자들을 대량 생산하는
자칭 제자 목회자들

대량 생산되는 가짜 제자들, 그대가 제자인가?

다양한 제자 양육 프로그램을 가지고 주님의 제자를 양육
한다고 유명세를 떨치고 있는 몇몇 대형 교회 목사들. 크고
안정된 목회지와 사택을 소유하고 많은 사람에게서 칭찬과
존경을 한 몸에 받는 그들이 과연 자신부터 주님의 제자라
고 힘주어 말할 수 있겠는가?

긍정의 날개를 타고 크고 높은 산에서 큰 집과 큰 차와
큰 영향력을 꿈꾸는 청춘들이 몇 개월의 제자 양육 프로그
램을 이수했다고 해서 대한민국 일등 제자라고 자신할 수
있겠는가?

지금 교회 안에는 주님에게 거절당한 많은 부자 청년들
이 대형 교회 제자 양육 프로그램을 이수하고서는 대한민

국 일등 제자 행세를 하고 다닌다.

원래 값진 명품 메이커 제품은 희소하지만, 그 제품을 모방한 짝퉁 상품은 사거리 길에서까지 넘쳐나는 법이다. 지금도 중국 뒷골목 지하 공장에서는 명품 모조가 대량 생산되고 있다.

———

주님을 믿었다. 그리고 주님을 따르겠다고 했다. 그러나 발 뻗고 편히 잘 수 있는 보금자리에 집착하는 자는 제자 되기를 포기해라.

주님을 에워싼 많은 사람 중 어떤 한 서기관이 주님께 나아와 주님께서 어디로 가시든지 따르겠다고 서원했다. 곧 제자 되기를 간청했다.

주님은 그 사람에게 육 개월 제자 양육 프로그램을 권유하지 않고, '인자는 머리 둘 곳이 없다'는 말만을 하셨다. "한 서기관이 나아와 예수께 아뢰되 선생님이여 어디로 가시든지 저는 따르리이다 예수께서 이르시되 여우도 굴이 있고 공중의 새도 거처가 있으되 인자는 머리 둘 곳이 없다 하시더라"(마 8:19~20). "길 가실 때에 어떤 사람이 여짜오되 어디로 가시든지 나는 따르리이다 예수께서 이르시되 여우도 굴이 있고 공중의 새도 집이 있으되 인자는 머리 둘 곳이 없도다 하시고 또 다른 사람에게 나를 따르라 하시니"(눅 9:57~58).

결국 그 서기관이 제자 되기를 원한다면 당신의 고생스러운 삶에 함께해야 함을 말씀하신 것이다. 편안하고 안락한 삶을 동경하고서는, 그 삶을 뒤로하지 않고서는, 당신과 함께할 수 없고 당신을 따를 수 없음을 경계하신 것이다.

——

엉덩이에 뿔 난 못된 송아지 새끼처럼 배은망덕한 자칭 제자들, 주님은 세상에서 미움받았는데 종놈 주제에 세상의 칭찬과 영향력을 탐한다.

그렇다. 주인이신 스승이 세상으로부터 미움을 받는데 그 종인 제자가 칭찬과 명성을 받을 수 있겠는가?

아니다, 이유는 종이 주인보다 클 수 없기 때문이다. "세상이 너희를 미워하면 너희보다 먼저 나를 미워한 줄을 알라 너희가 세상에 속하였으면 세상이 자기의 것을 사랑할 것이나 너희는 세상에 속한 자가 아니요 도리어 내가 너희를 세상에서 택하였기 때문에 세상이 너희를 미워하느니라 내가 너희에게 종이 주인보다 더 크지 못하다 한 말을 기억하라 사람들이 나를 박해하였은즉 너희도 박해할 것이요 내 말을 지켰은즉 너희 말도 지킬 것이라(요 15:18~20).

스승이신 주인이 고난의 삶을 사셨는데 제자임을 자처하는 일개 목사가 평당 천만 원을 웃도는 안락한 아파트에 거주하면서 고급 세단을 타고 만나는 교우들에게서 극진한 음식 공궤를 배 터지게 받으며 사거리 길에서 문안받아 가며 어떻게 주님의 제자 됨을 자처하는가?

그것도 모자라 낯 두껍게 또 다른 제자들을 양육한답시고 그토록 바쁘게 돌아다니는지. 자신부터 제자 요건을 한참이나 충족하지 못하는 처지에 양육한답시고 생산해 낸 제자들이 온전한 제자일 수 있겠는가.

아무리 시간이 흐르고, 아무리 시대가 변해도 하나님의 기준은 영원히 변하지 않는다. 그러므로 하나님의 법은 철저하게 집행된다.

오늘 자칭 제자 목사들은 그렇게 말할 것이다. 시대가 변했다고. 주님이 주신 축복은 누려야 한다고. 과연 그럴까.

여기서 우리는 하나님의 언약궤를 예루살렘으로 이송하던 복되고 거룩한 날 하나님에 의해 즉시로 죽임을 당했던 웃사의 경우를 생각해 보아야 한다. "다윗이 이스라엘에서 뽑은 무리 삼만 명을 다시 모으고 다윗이 일어나 자기와 함께 있는 모든 사람과 더불어 바알레유다로 가서 거기서 하나님의 궤를 메어 오려 하니 그 궤는 그룹들 사이에 좌정하신 만군의 여호와의 이름으로 불리는 것이라 그들이 하나님의 궤를 새 수레에 싣고 산에 있는 아비나답의 집에서 나오는데 아비나답의 아들 웃사와 아효가 그 새 수레를 모니라 그들이 산에 있는 아비나답의 집에서 하나님의 궤를 싣고 나올 때에 아효는 궤 앞에서 가고 다윗과 이스라엘 온 족속은 잣나무로 만든 여러 가지 악기와 수금과 비파와 소고와 양금과 제금으로 여호와 앞에서 연주하더라 그들이 나곤의 타작마당에 이르러서는 소들이 뛰므로 웃사가 손을 들어 하나님의 궤를 붙들었더니 여호와 하나님이 웃사가 잘못함으로 말미암아 진노하사 그를 그곳에서 치시니 그가 거기 하나님의 궤 곁에서 죽으니라"(삼하 6:1~7).

하나님의 언약궤가 다윗이 이스라엘 가운데서 선발한 3만의 정예 부대의 호위를 받으며 새 수레를 타고 예루살렘으로 입성하신다. 모든 백성은 양 길가에 도열해서 하나님의 영광을 찬양한다. 그 분위기가 얼마나 뜨거웠던지 하나님의 언약궤를 운반하던 소들이 나곤의 타작마당에서 군중의 함성에 놀라 뛰고 말았다. 하나님의 언약궤가 땅으로 곤

두박질치려고 했다.

이때 웃사가 자기 몸을 날려 하나님의 언약궤를 붙들었다. 그런데 하나님께서는 그의 잘못을 참지 않으시고 그 자리에서 그를 죽이셨다. 웃사가 도대체 무엇을 잘못했다는 말인가.

성경 민수기에는 하나님의 언약궤를 어떻게 운반해야 하는가와 관련해서 명령하고 있다. "진영을 떠날 때에 아론과 그의 아들들이 성소와 성소의 모든 기구 덮는 일을 마치거든 고핫 자손들이 와서 멜 것이니라 그러나 성물은 만지지 말라 그들이 죽으리라 회막 물건 중에서 이것들은 고핫 자손이 멜 것이며"(민 4:15).

아무리 시대가 흘러가도 하나님의 언약궤를 멜 수 있는 사람은 고핫 자손이다. 그리고 하나님의 언약궤는 반드시 고핫 자손의 어깨에 메어서 운반해야 한다. 그리고 어떤 경우에도 성물인 하나님의 언약궤에 사람의 손이 닿아서는 안 된다.

이 규례가 주어진 때로부터 아무리 5백여 년의 시간이 흘렀다 할지라도, 아무리 3만의 군사가 호위하고, 거창하게 새 수레로 하나님의 언약궤를 운반한다고 할지라도 하나님의 언약궤는 소가 운반해야 할 짐이 아니라, 반드시 고핫 자손 4명이 어깨에 메고 운반해야 할 성물이다.

만약 다윗이 하나님의 언약궤를 소가 끄는 새 수레로 모시지 않고 호구 조사로 고핫 자손을 찾아내어 그들 중 4명의 어깨에 메어 하나님의 언약궤를 운반했다면 그처럼 군중의 소동에 소가 뛰어서 하나님의 언약궤가 땅으로 떨어지려 하지는 않았을 것이다. 그렇다면 웃사가 떨어지는 언약궤를 자신의 몸을 던져 붙잡으려 할 일도 없었다.

유심히 살펴보면, 인간적 관점에서는 아무 죄 없는 웃사만 불행하게 죽었다. 아무 나쁜 의도도 없이 오로지 하나님의 언약궤가 땅에 떨어지는 것을 막으려고 떨어지는 하나님의 언약궤를 손으로 만진 것이 화근이 되어 그는 그 기쁘고 복된 날, 하나님에 의해 죽임을 당했던 것이다.

——

하나님의 말씀은 일점일획도 땅에 떨어지지 않고 그 기준으로 그 법으로 마지막 날에 가짜 제자들을 철저하게 심판하실 것이다.

결국, 아무리 시대가 흘러도 민수기 4:15의 한 구절 말씀 때문에 웃사는 인간적인 관점에서는 잘못한 것이 전혀 없지만, 하나님의 관점에서는 율법을 범한 죄인이 되어 죽임을 당했다.

아무리 시간이 흐르고 아무리 시대가 변해도 주님의 기준에서 제자는 제자다워야 한다.

자칭 제자 목회자들, 그들은 그 날까지 비록 주님의 이름으로 선지자 노릇은 열심히 하겠지만, 그러나 반드시 그 날에, 인자의 머리 둘 곳 없는 고난의 삶을 따르지 않으면 제자가 될 수 없다는 마태복음 8:19~20과 누가복음 9:57~58의 두 말씀에 의해서 주님으로부터 철저하게 외면당할 것이다. "그 날에 많은 사람이 나더러 이르되 주여 주여 우리가 주의 이름으로 선지자 노릇 하며 주의 이름으로 귀신을 쫓아내며 주의 이름으로 많은 권능을 행하지 아니하였나이까 하리니 그 때에 내가 그들에게 밝히 말하되 내가 너희를 도무지 알지 못하니 불법을 행하는 자들아 내게서 떠나가라 하리라"(마 7:22~23).

제자 되기를 서원하는 서기관에게 단지 여우도 굴이 있고 새도 보금자리가 있건만 인자는 머리 둘 곳이 없다고 말씀하셨던 주님께서는 누가복음 9:58 후반절에서 '또 다른 사람'에게 "나를 따르라"고 하셨다.

결국, 이 땅에 안락한 삶을 뒤로하지 못하는 인생은 주님의 제자가 될 수 없다. 그러고 보면 제자 자격도 안 되는 목사들이 제자를 양육한다고 프로그램을 개발하고 있으니,

참으로 지나가는 소가 웃을 일이다.

제자 같지 않은 목사가 제자를 양육한다고 하고 있으니, 맹인이 맹인을 인도하는 형국이다. 그 결국은 어떻게 되겠는가. 함께 구덩이에 빠질 것이다. "예수께서 대답하여 이르시되 심은 것마다 내 하늘 아버지께서 심으시지 않은 것은 뽑힐 것이니 그냥 두라 그들은 맹인이 되어 맹인을 인도하는 자로다 만일 맹인이 맹인을 인도하면 둘이 다 구덩이에 빠지리라 하시니"(마 15:13~14).

———

제자 되기를 원하는 청지기는 자신의 모든 것이 주인이신 하나님의 것이기 때문에 자기에게 맡겨진 모든 소유를 반드시 하나님의 뜻대로 사용해야 한다.

많은 사람이 주님을 따라왔다. 그중 한 부자 청년 서기관이 주님께 나아와 영생 얻기를 간청했다. 그러고 보면 그 부자 청년은 예수 그리스도를 생명의 근원, 생명의 주 하나님으로 인지했었나 보다.

그 부자 청년은, 자신이 이스라엘 백성 가운데서 그럭저럭 하나님의 모든 계명을 지켜 행하는 잘난 신앙인으로 확신했었던 것 같다.

영생 얻기를 소원하는 그 부자 청년을 향해 주님께서는 그에게 있는 모든 것을 팔아 가난한 자를 구제하고 당신을 따르라고 하셨다. 그러나 그 부자 청년은 고민하며 주님의 곁을 떠나갔다. "어떤 사람이 주께 와서 이르되 선생님이여 내가 무슨 선한 일을 하여야 영생을 얻으리이까 예수께서 이르시되 어찌하여 선한 일을 내게 묻느냐 선한 이는 오직 한 분이시니라 네가 생명에 들어가려면 계명들을 지키라 이르되 어느 계명이오니이까 예수께서 이르시되 살인하지 말라, 간음하지 말라, 도둑질하지 말라, 거짓 증언하지 말라, 네 부모를 공경하라, 네 이웃을 네 자신과 같이 사랑하라 하신 것이니라 그 청년이 이르되 이 모든 것을 내가 지키었사온대 아직도 무엇이 부족하니이까 예수께서 이르시되 네가 온전하고자 할진대 가서 네 소유를 팔아 가난한 자들에게 주라 그리하면 하늘에서 보화가 네게 있으리라 그리고 와서 나를 따르라 하시니 그 청년이 재물이 많으므로 이 말씀을 듣고 근심하며 가니라"(마 9:16~22). "예수께서 길에 나가실새 한 사람이 달려와서 꿇어앉아 묻자오되 선한 선생님이여 내가 무엇을 하여야 영생을 얻으리이까 예수께서 이르시되 네가 어찌하여 나를 선하다 일컫느냐 하나님 한 분 외에는 선한 이가 없느니라 네가 계명을 아나니 살인하지 말라, 간음하지 말라, 도둑질하지 말라, 거짓 증언하지 말라, 속여 빼앗지 말라, 네 부모를 공경하라 하였느니라 그가 여짜오되 선생님이여 이것은 내가 어려서부터 다 지켰나이다 예수께서 그를 보시고 사랑하사 이르시되 네게 아직도 한 가지 부족한 것이 있으니 가서 네게 있는 것을 다 팔아 가난한 자들에게 주라 그리하면 하늘에서 보화가 네게 있으리라 그리고 와서 나를 따르라 하시니 그 사람은 재물이 많은고로 이 말씀으로 인하여 슬픈 기색을 띠고 근심하며 가니라"(막 10:17~22). "어떤 관리가 물어 이르되 선한 선생님이여 내가 무엇을 하여야 영생을 얻으리이까 예수께서 이르시되 네가 어찌하여 나를 선하다 일컫느냐 하나님 한 분 외에는 선한 이가 없느니라 네가 계명을 아나니 간음하지 말라, 살인하지 말라, 도둑질하지 말라, 거짓 증언하지 말라, 네 부모를 공경하라 하였느니라 여짜오되 이것은 내가 어려서부터 다 지키었나이다 예수께서 이 말을 들으시고 이르시되 네게 아직도 한 가지 부족한 것이 있으니 네게 있는 것을 다 팔아 가난한 자들에게 나눠 주라 그리하면 하늘에서 네게 보화가 있으리라 그리고 와서 나를 따르라 하시니 그 사람이 큰 부자이므로 이 말씀을 듣고 심히 근심하더라"(눅 18:18~23).

주님에게서 거절 당한 제자 지원자는 제자 양육 프로그램에 입교해서 대한민국 1등 제자로 이마에 '표' 받았다.

그런데 오늘날은 이 부자 청년보다도 훨씬 못한 인생들을 닥치는 대로 사거리 길에서 데려와서는 교회에 나왔으니 무조건 천국백성 되었다며 싸구려 음료를 한 잔 대접한 후, 제자 양육 프로그램을 이수하게 한다.

그 후, 대한민국에서 제일 가는 예수 그리스도의 제자들로 이마에 표해 주고는 자신만만하게 꿈과 긍정의 대로를 활보하게 한다. 정말이지, 제자 깜냥도 안 되는 목사가 주님의 제자를 양육한답시고 대량 생산 체제를 갖추고 밤낮 주야로 복제 공장을 돌려댄다.

사거리 길에서 닥치는 대로 혼인잔치 판에 사람들을 초대할 수는 있다. 그러나 예복을 입지 않은 사람은 신랑이신 왕이 그 혼인 잔치에 참여하는 날, 바깥 어두움에 내어 쫓겨 슬피 울며 이를 갈게 될 것이다(마 22:1~13). 불행한 사실은 청함을 받은 자는 많지만 예복을 준비한 택함을 받은 자가 적다는 사실이다(마 22:14). "예수께서 다시 비유로 대답하여 이르시되 천국은 마치 자기 아들을 위하여 혼인 잔치를 베푼 어떤 임금과 같으니 그 종들을 보내어 그 청한 사람들을 혼인 잔치에 오라 하였더니 오기를 싫어하거늘 다시 다른 종들을 보내며 이르되 청한 사람들에게 이르기를 내가 오찬을 준비하되 나의 소와 살진 짐승을 잡고 모든 것을 갖추었으니 혼인 잔치에 오소서 하라 하였더니 그들이 돌아 보지도 않고 한 사람은 자기 밭으로, 한 사람은 자기 사업하러 가고 그 남은 자들은 종들을 잡아 모욕하고 죽이니 임금이 노하여 군대를 보내어 그 살인한 자들을 진멸하고 그 동네를 불사르고 이에 종들에게 이르되 혼인 잔치는 준비되었으나 청한 사람들은 합당하지 아니하니 네거리길에 가서 사람을 만나는 대로 혼인 잔치에 청하여 오라 한대 종들이 길에 나가 악한 자나 선한 자나 만나는 대로 모두 데려오니 혼인 잔치에 손님들이 가득한지라 임금이 손님들을 보러 들어올새 거기서 예복을 입지 않은 한 사람을 보고 이르되 친구여 어찌하여 예복을 입지 않고 여기 들어왔느냐 하니 그가 아무 말도 못 하거늘 임금이 사환들에게 말하되 그 손발을 묶어 바깥 어두운 데에 내던지라 거기서 슬피 울며 이를 갈게 되리라 하니라 청함을 받은 자는 많되 택함을 입은 자는 적으니라"(마 22:1~14).

구원받은 광야 1세대는 사십 년간 일용할 양식의 기적인 만나만을 먹었다. 그러므로 주님께서는 주기도문에서 일용할 양식을 기도 제목의 상한선으로 교훈하셨다.

초대교회 당시에는 하나님께 대한 철저한 헌신만을 가지고 복음을 증언하는 순회 교사들이 있었던 반면에 재리와 이를 밝히는 많은 거짓 교사가 있었다.

거짓 교사들은 자신의 지식으로 생계를 유지하며 터를 잡으려고 했다. 그래서 초대교회의 전승을 보면 순회 교사들 가운데 거짓 교사들을 구분하는 규정을 정해 놓기까지 했다.

이 규정은 예수께서 제자들을 파송하시면서 '지팡이나 전대를 차지 말고 두 벌 옷을 가지지 말라'고 하셨던 가르침에 근거한다. "너희 전대에 금이나 은이나 동을 가지지 말고 여행을 위하여 배낭이나 두 벌 옷이나 신이나 지팡이를 가지지 말라 이는 일꾼이 자기의 먹을 것 받는 것이 마땅함이라"(마 10:9~10). "열두 제자를 부르사 둘씩 둘씩 보내시며 더러운 귀신을 제어하는 권능을 주시고 명하시되 여행을 위하여 지팡이 외에는 양식이나 배낭이나 전대의 돈이나 아무것도 가지지 말며 신만 신고 두 벌 옷도 입지 말라 하시고"(막 6:7~10). "예수께서 열두 제자를 불러 모으사 모든 귀신을 제어하며 병을 고치는 능력과 권위를 주시고 하나님의 나라를 전파하며 앓는 자를 고치게 하려고 내보내시며 이르시되 여행을 위하여 아무것도 가지지 말라 지팡이나 배낭이나 양식이나 돈이나 두 벌 옷을 가지지 말며(눅 9:1~3).

초대교회의 전승에는 "너희에게로 오는 사도들마다 주와 같이 영접하라. 그러나 하루 이상은 머물지 못하게 하라. 부득불 둘째 날까지 머물 수는 있으나 사흘 동안 머물면 그는 거짓 선지자니라. 또한 사도가 집을 나설 때 그에게 그날 밤 유숙하기까지 필요한 떡 이외는 주지 말라. 그러나 그가 돈을 요구하면 그는 거짓 선지자니라."라고 참순회교사와 거짓 순회교사를 구분하는 기준을 명시해 놓기까지 했다.

민수기 4:15의 한 구절 말씀이 5백 년의 시간이 흘러 웃사를 심판했다면, 당연히 아무리 시간이 흐르고 상황이 변했다 할지라도, 머리 둘 곳도 없이 사셨던 주님의 삶이 오늘날 하나님의 종이랍시고 잔치 자리의 상석에 앉아 존대받는 자칭 제자 목회자들을 반드시 심판하실 것이다. 그 날에 그들은 주님으로부터 철저하게 외면당할 것이다. "그 때에 내가 그들에게 밝히 말하되 내가 너희를 도무지 알지 못하니 불법을 행하는 자들아 내게서 떠나가라 하리라"(마 7:23).

제자는 배우는 자가 아니라 따르는 자이다. 곧 주님께서 분부한 모든 것을 지켜 행하는 자이다.

제자는 구원받은 교회이다. "그때에 제자가 더 많아졌는데"(행 6:1전). "하나님의 말씀이 점점 왕성하여 예루살렘에 있는 제자의 수가 더 심히 많아지고 허다한 제사장의 무리도 이에 복종하니라"(행 6:7).

제자를 가리키는 헬라어 '마테테스'는 '따르는 자', '배우는 자'라는 뜻이다. 그러므로 제자 교육을 받았다는 것은 교육 기간을 마쳤다는 의미를 넘어, 예수님을 따르는 자가 된다는 것이다. 이는 주님께서 승천하시면서 교회에게 당부하셨던 '지상 대명령'과도 일치한다. "너희는 가서 모든 민족을 제자로 삼아 아버지와 아들과 성령의 이름으로 세례를 베풀고 내가 너희에게 분부한 모든 것을 가르쳐 지키게 하라 볼지어다 내가 세상 끝날까지 너희와 항상 함께 있으리라"(마 28:19~20).

그렇다. 제자는 세례만 받은 사람이 아니라, 주님께서 우리에게 분부한 모든 것을 지키는 자이다. 곧 믿음으로 구원 받은 사람은 하나님의 말씀을 행하는 사람이다.

제자는 주를 위해 목숨까지 버릴 수 있어야 한다. 그러므로 목숨보다 중하지 않은 재물은 당연히 하나님의 뜻대로 모두 사용할 수 있어야 한다.

초대교회에서 제자는 '순교자'라는 말과 동의어로 쓰였다. 이유는 그 당시 주님의 제자가 된다는 것은 대형 교회의 제자 양육 프로그램에 참여해서 몇 개월의 교육 기간을 이수하는 정도가 아니라, 부모와 처자와 자신의 목숨을 미워하기까지 나아가서 모든 소유를 버리기까지 주님을 따르는 길이었기 때문이다.

지금, 대형 교회 제자 양육 프로그램에 참여하는 사람들의 수에 비할 바는 아니지만, 주님을 따르는 허다한 무리가 있었다. 그러나 주님께서는 당신을 따르는 허다한 무리를 돌아보시면서 결코 쉽지 않을 제자도를 명령하셨다. "수많은 무리가 함께 갈새 예수께서 돌이키사 이르시되 무릇 내게 오는 자가 자기 부모와 처자와 형제와 자매와 더욱이 자기 목숨까지 미워하지 아니하면 능히 내 제자가 되지 못하고 누구든지 자기 십자가를 지고 나를 따르지 않는 자도 능히 내 제자가 되지 못하리라"(눅 14:25~27). "이와 같이 너희 중의 누구든지 자기의 모든 소유를 버리지 아니하면 능히 내 제자가 되지 못하리라"(눅 14:33).

제자가 되는 길은 모든 소유를 버리는 길이다. 곧 부모와 처자와 자신의 목숨을 미워하는 길이다. 여기서 미워한다는 의미를 깊이 새겨봐야 한다.

———

처자를 위해서만큼, 하나님의 뜻을 위해 재물을 사용할 수 없는 사람은 하나님과 재물을 더불어 사랑하는 사람이다. 곧 하나님을 미워하는 사람이다.

구약에서 하나님께서는 당신을 섬기면서도 더불어서 어떤 형상의 우상을 섬기는 행위를 당신을 미워함이라고 말씀하셨다. "너는 나 외에는 다른 신들을 네게 두지 말라 너를 위하여 새긴 우상을 만들지 말고 또 위로 하늘에 있는 것이나 아래로 땅에 있는 것이나 땅 아래 물속에 있는 것의 어떤 형상도 만들지 말며 그것들에게 절하지 말며 그것들을 섬기지 말라 나 네 하나님 여호와는 질투하는 하나님인즉 나를 미워하는 자의 죄를 갚되 아버지로부터 아들에게로 삼사 대까지 이르게 하거니와 나를 사랑하고 내 계명을 지키는 자에게는 천 대까지 은혜를 베푸느니라"(출 20:3~6).

이 말씀에서 '나 외에는…… 섬기지 말라'는 의미는 나의 곁에서, 나에게 추가해서, 곧 '하나님과 함께'라는 의미이다. 그러므로 우상숭배는 하나님을 섬기지 않고 다른 신의 형상만을 숭배하는 행위가 아니라, 하나님도 섬기면서 다른 신의 형상을 섬기는 행위이다. 그리고 다른 신의 형상을 섬기는 행위, 곧 우상숭배는 하나님을 미워하는 죄이다.

하나님을 미워하는 자는 하나님을 섬기지 않고 다른 신만을 섬기는 사람이 아니라, 하나님도 섬기고 다른 신도 섬기는 사람이다.

신약에서 주님께서는 하나님을 사랑하면서 동시에 재물을 사랑하는 사람을 하나님을 미워하는 사람이라고 정의했다. "한 사람이 두 주인을 섬기지 못할 것이니 혹 이를 미워하고 저를 사랑하거나 혹 이를 중히 여기고 저를 경히 여김이라 너희가 하나님과 재물을 겸하여 섬기지 못하느니라"(마 6:24).

그러므로 주님께서 제자도를 교훈하시면서 부모와 처자와 자기 목숨까지 미워하지 않으면 능히 내 제자가 될 수 없다고 하신 말씀은 부모와 처자와 자기 목숨보다도 하나님을 훨씬 더, 나아가서는 하나님만을 사랑하라는 말씀이다.

부모와 처자와 자기 목숨보다도 하나님을 더 사랑하는 사람은, 당연히 자기 처자와 자기 목숨을 위하고 과시하고 자랑하기 위해 사용하는 물질보다도 하나님의 뜻을 행하기 위해 더 많은 소유를 반드시 지출할 수밖에 없다. 그것은 보물이 있는 곳에 우리의 마음이 있기 때문이다.

모든 소유를 버리라는 말은 자녀 양육비 지출하지 말라는 것도 아니며, 자녀 등록금 준비하지 말라는 말도 아니며, 처자를 부양하지 말라는 말도 아니며, 자동차 구입하지 말라는 말도 아니며, 비록 잠시 잠깐 살다 가는 세상이지만 내 집 장만하지 말라는 말도 아니다. 지금 당장 내게 있는 가산을 처분해서 가난한 자를 도와주고 노숙인이 되어서 주를 따르라는 말도 아니다.

그러나 매월 지출하는 자동차 할부 금액보다도 적은 액수의 물질을 하나님께 헌신하는 사람이 과연 모든 소유를 버리기까지 주를 따르는 제자라고 자청할 수 있겠는가? 머리 둘 곳 없으셨던 스승이시며 주인이신 예수 그리스도 앞에서 이 땅의 무너질 장막에 불과한 자신의 주택 구입을 위해 매월 지출하는 월부금보다도 적은 액수의 물질을 하나님께 헌신하는 사람이 어떻게 모든 것을 버리고 주님을 따르는 제자라고 자청할 수 있겠는가?

그 차 안 타도 천국 갈 수 있고, 그 동네 그 메이커 아파트 안 살아도 영생에 이를 수 있지만, 그 차 할부금보다도 그 아파트 주택부금보다도 적은 액수의 헌물로 신앙생활을 하는 사람은 절대로 주님의 제자가 될 수 없다.

당신이 제자라면 당연히 최소한 자동차 월 할부금보다는 20년 장기 저리 주택 융자 월 부금보다는 일 원이라도 많은 물질을 하나님의 뜻대로 사용해야 하지 않겠는가? 그럴 때 지극히 작은 자 하나에게까지 주의 사랑을 실천할 수 있을 것이다.

그렇다고 당신이 맡은 하나님의 재물을 배부른 거짓 선지자에게 칭찬받고 축복받아가며 예배당 건물 건축 헌금으로 드리는 것은 하나님께 드리는 예물이 아니라 돼지 피와 같은 가증한 우상의 제물이 됨을 명심해야 한다(사 66:3).

배부른 거짓 선지자 예배당 건물 신축 증축 재원으로 전용될 당신의 예물은 하나님과는 아무런 상관이 없음을 유념해야 한다. 오로지 우리가 맡은 하나님의 물질은 하나님의 뜻대로 가난한 형제 지체를 구제하는 데 사용되어야 한다. "믿는 무리가 한마음과 한뜻이 되어 모든 물건을 서로 통용하고 자기 재물을 조금이라도 자기 것이라 하는 이가 하나도 없더라 사도들이 큰 권능으로 주 예수의 부활을 증언하니 무리가 큰 은혜를 받아 그중에 가난한 사람이 없으니 이는 밭과 집 있는 자는 팔아 그 판 것의 값을 가져다가 사도들의 발 앞에 두매 그들이 각 사람의 필요를 따라 나누어 줌이라"(행 4:32~35).

자기 식구 한 끼 외식비도 안 되는 물질을 고작 한 달에 한 번 겨우 감사헌금 하고는 생색내는 잔챙이 가짜 제자들

요즘은 먹방 시대다. 텔레비전을 켜도 맛집과 맛 나는 음식을 주제로 방송하는 프로가 얼마나 많은지. 세상이 먹자판이 된 것 같다. 이런 시대를 살아가면서 가족들과 외식 한 번 하면 그 비용이 만만찮다.

많은 사람이 주일에 빳빳한 만 원권 지폐 10장을 빳빳한 봉투에 넣어서 감사헌금이나 선교헌금을 하고서는 하나님께 대단한 헌신이라도 한 것으로 착각한다. 그러나 사실 따지고 보면 그 10만 원은 요즘 세상에 3~4인 식구 한 끼 외식비도 안 되는 경우가 얼마나 많은가.

하나님께서는 구약 이스라엘 백성을 사십 년간 광야에서 만나만을 먹이시면서 이스라엘 공동체에게 고단하고 핍

절한 광야 생활 동안 일용할 양식으로만 만족하게 하셨다. 그리고 그들에게 "이 사십 년 동안 내가 너희 가운데 함께 있었기에 복되지 않았는가?"라고 반문하셨다. "네 하나님 여호와께서 네가 하는 모든 일에 네게 복을 주시고 네가 이 큰 광야에 두루 다님을 알고 네 하나님 여호와께서 이 사십 년 동안을 너와 함께 하셨으므로 네게 부족함이 없었느니라 하시기로"(신 2:7).

하나님의 백성은 기본 식비로 삼시 세끼 간단한 반찬 몇 가지로 사십 년 동안 밥을 먹는 것만으로도 족한 줄 알아야 한다. "우리가 세상에 아무것도 가지고 온 것이 없으매 또한 아무것도 가지고 가지 못하리니 우리가 먹을 것과 입을 것이 있은즉 족한 줄로 알 것이니라"(딤전 6:7~8).

당신은 지금 한 달 외식비가 얼마인가? 그리고 축복받을 헌금이라고 납부하는 뗄 것 다 떼고 도적질한 십일조 금액은 얼마인가? 한해에 하나님께 드리는 감사헌금은 얼마인가?

단언하건대 한 달 외식비 총금액보다도 적은 물질을 하나님께 감사헌금으로 선교헌금으로 드리는 사람이 모든 소유를 버리기까지 주님을 따르는 제자라고 말할 수 없다.

오늘날 제자 깜냥도 안 되는 맹인 된 자칭 제자들이 그

들을 인도하는 맹인 된 자칭 목회자의 예배당 건물을 출입
하며 빵빵하게 축복 기도를 받고 나온다.

—

**화 있을진저, 외식하는 가짜 제자 목회자들이여! 너희가 어떻게
지옥의 판결을 피하겠느냐! 바다와 육지를 두루 다녀 교인 하나
전도해서는 배나 지옥 자식 만드는도다!**

자칭 제자 목회자들이여! 그대들은 언제까지 깜냥도 안 되
는 자칭 제자들을 불러 모아 놓고 허구한 날 미국 동부 스
미스 형제님, 미국 서부 엘리스 자매님, 미국 남부 쿤타킨
테 선교사님, 미국 북부 링컨 장로님, 우리 교회 철수 형제
님, 우리 교회 순자 자매님의 신앙 간증담이나 들려주며 그
들에게 심판은 임하지 않는다고 그들의 양심에 회칠이나
하고 있을 것인가.

　에스겔 선지자는 이와 같이 허구한 날 가짜 제자들을 향
해 헛된 위로나 남발하며 결단코 구원받는다고 안심시키
는 여우 같은 거짓 선지자들을 향해 하나님의 심판을 경고
했다. "이스라엘아 너의 선지자들은 황무지에 있는 여우 같
으니라 너희 선지자들이 성 무너진 곳에 올라가지도 아니
하였으며 이스라엘 족속을 위하여 여호와의 날에 전쟁에서

견디게 하려고 성벽을 수축하지도 아니하였느니라 여호와께서 말씀하셨다고 하는 자들이 허탄한 것과 거짓된 점괘를 보며 사람들에게 그 말이 확실히 이루어지기를 바라게 하거니와 그들은 여호와가 보낸 자가 아니라 너희가 말하기는 여호와의 말씀이라 하여도 내가 말한 것이 아닌즉 어찌 허탄한 묵시를 보며 거짓된 점괘를 말한 것이 아니냐 그러므로 주 여호와께서 이같이 말씀하셨느니라 너희가 허탄한 것을 말하며 거짓된 것을 보았은즉 내가 너희를 치리라 주 여호와의 말씀이니라 그 선지자들이 허탄한 묵시를 보며 거짓 것을 점쳤으니 내 손이 그들을 쳐서 내 백성의 공회에 들어오지 못하게 하며 이스라엘 족속의 호적에도 기록되지 못하게 하며 이스라엘 땅에도 들어가지 못하게 하리니 너희가 나를 여호와인 줄 알리라 이렇게 칠 것은 그들이 내 백성을 유혹하여 평강이 없으나 평강이 있다 함이라 어떤 사람이 담을 쌓을 때에 그들이 회칠을 하는도다 그러므로 너는 회칠하는 자에게 이르기를 그것이 무너지리라 폭우가 내리며 큰 우박덩이가 떨어지며 폭풍이 몰아치리니 그 담이 무너진즉 어떤 사람이 너희에게 말하기를 그것에 칠한 회가 어디 있느냐 하지 아니하겠느냐 그러므로 나 주 여호와가 말하노라 내가 분노하여 폭풍을 퍼붓고 내가 진노하여 폭우를 내리고 분노하여 큰 우박덩어리로 무너뜨리리라 회칠한 담을 내가 이렇게 허물어서 땅에 넘어뜨리고 그 기초를 드러낼 것이라 담이 무너진즉 너희가 그 가운데에서 망하리니 나를 여호와인 줄 알리라 이와 같이 내가 내 노를 담과 회칠한 자에게 모두 이루고 또 너희에게 말하기를 담도 없어지고 칠한 자들도 없어졌다 하리니 이들은 예루살렘에 대하여 예언하기를 평강이 없으나 평강의 묵시를 보았다고 하는 이스라엘의 선지자들이니라 주 여호와의 말씀이니라(겔 13:4~16).

자칭 제자 목회자들이여! 깜냥도 안 되는 그런 허탄한 간증담이나 들려주지 말고 자신의 모든 소유를 팔아 핍절한 형제 공동체를 구제했던 사도행전 4:32~35이 증언하는 초대교회의 위대한 삶을 들려주라. 그들의 삶이 바로 교회가 추구해야 할 신앙의 모델이며 교회가 회복해야 할 처음 사람의 행위이다(계 2:5).

슬피 울며 이를 갊이 있으리라

▶기쁨으로 당신의 백성을 번성케 하시던 하나님께서는 당신이 분부한 모든 것을 지켜 행하지 않는 신부 된 교회를 기쁨으로 파멸시키실 것이다.

▶모두가 아니라 남은 자만 구원하신다.

▶예수 믿으면 무조건 천당 간다는 낙관적 구원관에 사로잡히지 말자. 곧 거짓 선지자들의 평강 타령에 미혹되지 말자.

▶교회 안에 있는 독초와 쑥의 뿌리는 예수 믿으면 무조건 왕의 자녀가 되고, 왕의 자녀는 무조건 잘된다고 맹신한다. 이들은 이미 모세 때부터 예언된 주인의 밭에서 자라나는 가라지들이다.

슬피 울며 이를 갊이 있으리라

기쁨으로 당신의 백성을 번성케 하시던 하나님께서는 당신이 분부한 모든 것을 지켜 행하지 않는 신부 된 교회를 기쁨으로 파멸시키실 것이다.

성경은 하나님께서 당신의 값없는 은혜로 자기 백성을 택하셨음을 증언하고 있다. "너는 여호와 네 하나님의 성민이라 네 하나님 여호와께서 지상 만민 중에서 너를 자기 기업의 백성으로 택하셨나니 여호와께서 너희를 기뻐하시고 너희를 택하심은 너희가 다른 민족보다 수효가 많은 연고가 아니라 너희는 모든 민족 중에 가장 적으니라 여호와께서 다만 너희를 사랑하심을 인하여, 또는 너희 열조에게 하신 맹세를 지키려 하심을 인하여 자기의 권능의 손으로 너희를 인도하여 내시되 너희를 그 종 되었던 집에서 애굽 왕 바로의 손에서 속량하셨나니"(신 7:6~8). "곧 창세 전에 그리스도 안에서 우리를 택하사 우리로 사랑 안에서 그 앞에 거룩하고 흠이 없게 하시려고 그 기쁘신 뜻대로 우리를 예정하사 예수 그리스도로 말미암아 자기의 아들들이 되게 하셨으니 이는 그의 사랑하시는 자 안에서 우리에게 거저 주시는바 그의 은혜의 영광을 찬미하게 하려는 것이라"(엡 1:4~6).

구약 이스라엘 백성은 하나님의 은혜로 선택된 자신들이 선민 된 지위를 자랑했고, 오늘 우리 또한 구원받은 성도의 특권을 자랑한다. 그러나 하나님의 선택으로 구원받은 구약 이스라엘 백성이 모두 다 구원에 이르지 못했듯이 오늘 우리 또한 하나님의 기쁘신 뜻을 따라 예정으로 선택되었다 할지라도 모두 다 구원에 이를 수는 없을 것이다.

선민 된 특권을 자랑하던 구약 이스라엘 백성의 수가 하늘의 별과 같이 많아졌지만 그들 대부분이 약속의 땅 가나안에서 뽑혀 세계 각지로 흩어져 슬피 울며 이를 갈게 될 것이 모세 선지자에 의해 예언되고 구약의 종말에 그대로 성취되었다. "네가 만일 이 책에 기록한 이 율법의 모든 말씀을 지켜 행하지 아니하고 네 하나님 여호와라 하는 영화롭고 두려운 이름을 경외하지 아니하면 여호와께서 네 재앙과 네 자손의 재앙을 극렬하게 하시리니 그 재앙이 크고 오래고 그 질병이 중하고 오랠 것이라 여호와께서 네가 두려워하던 애굽의 모든 질병을 네게로 가져다가 네 몸에 들어붙게 하실 것이며 또 이 율법책에 기록하지 아니한 모든 질병과 모든 재앙을 네가 멸망하기까지 여호와께서 네게 내리실 것이니 너희가 하늘의 별같이 많을지라도 네 하나님 여호와의 말씀을 청종하지 아니하므로 남는 자가 얼마 되지 못할 것이라 여호와께서 너희에게 선을 행하시고 너희를 번성하게 하시기를 기뻐하시던 것같이 이제는 여호와께서 너희를 망하게 하시며 멸하시기를 기뻐하시리니 너희가 들어가 차지할 땅에서 뽑힐 것이요 여호와께서 너를 땅 이 끝에서 저 끝까지 만민 중에 흩으시리니 네가 그곳에서 너와 네 조상들이 알지 못하던 목석 우상을 섬길 것이라 그 여러 민족 중에서 네가 평안함을 얻지 못하며 네 발바닥이 쉴 곳도 얻지 못하고 여호와께서 거기에서 네 마음을 떨게 하고 눈을 쇠하게 하고 정신을 산란하게 하시리니 네 생명이 위험에 처하고 주야로 두려워하며 네 생명을 확신할 수 없을 것이라 네 마음의 두려움과 눈이 보는 것으로 말미암아 아침에는 이르기를 아하 저녁이 되었으면 좋겠다 할 것이요 저녁에는 이르기를 아하 아침이 되었으면 좋겠다 하리라 여호와께서 너를 배에 싣고 전에 네게 말씀하여 이르시기를 네가 다시는 그 길을 보지 아니하리라 하시던 그 길로 너를 애굽으로 끌어가실 것이라 거기서 너희가 너희 몸을 적군에게 남녀 종으로 팔려 하나 너희를 살 자가 없으리라"(신 28:58~68).

"하나님! 하나님!" 하는 이스라엘 백성의 수가 하늘의 별과 같이 많을지라도(신 28:62) 책에 기록된 모든 말씀을 지켜 행하지 않아(신 28:58) 남은 자가 얼마 되지 않을 정도루(신 28:62) 가나안 땅에서 뽑혀(신 28:63) 만민 중에 흩어질 것이다(신 28:64). 그날에 이스라엘을 번성케 하시기를 기뻐하셨던 하나님께서는 그 이스라엘을 기쁨으로 철저하게 파멸시키실 것이다(신 28:63).

마찬가지로 오늘날 선택받아 구원받았다고 자랑하는 "주여! 주여!" 하는 교인의 수가 아무리 밤하늘의 별과 같이 번성했다고 할지라도 하나님의 뜻을 행하지 않아 거룩한 성 새 예루살렘의 빛이신 예수 그리스도(계 21:22~23)에게서 추방되어 바깥 어두운 가운데 던져져서 슬피 울며 이를 갈게 될 것이 주님에 의해 예언되었고 그대로 성취될 것이다. "나더러 주여 주여 하는 자마다 다 천국에 들어갈 것이 아니요 다만 하늘에 계신 내 아버지의 뜻대로 행하는 자라야 들어가리라 그 날에 많은 사람이 나더러 이르되 주여 주여 우리가 주의 이름으로 선지자 노릇 하며 주의 이름으로 귀신을 쫓아내며 주의 이름으로 많은 권능을 행하지 아니하였나이까 하리니 그 때에 내가 그들에게 밝히 말하되 내가 너희를 도무지 알지 못하니 불법을 행하는 자들아 내게서 떠나가라 하리라"(마 7:21~23). "이에 종들에게 이르되 혼인 잔치는 준비되었으나 청한 사람들은 합당하지 아니하니 네거리 길에 가서 사람을 만나는 대로 혼인 잔치에 청하여 오라 한대 종들이 길에 나가 악한 자나 선한 자나 만나는 대로 모두 데려오니 혼인 잔치에 손님들이 가득한지라 임금이 손님들을 보러 들어올새 거기서 예복을 입지 않은 한 사람을 보고 이르되 친구여 어찌하여 예복을 입지 않고 여기 들어왔느냐 하니 그가 아무 말도 못 하거늘 임금이 사환들에게 말하되 그 손발을 묶어 바깥 어두운 데에 내던지라 거기서 슬피 울며 이를 갈게 되리라 하니라 청함을 받은 자는 많되 택함을 입은 자는 적으니라"(마 22:8~14).

"주여! 주여!" 하며, 주의 이름으로 선지자 노릇까지 한 사람의 수가 아무리 많을지라도(마 7:22), 혼인 잔치에 청함을 받은 사람의 수가 아무리 많을지라도(마 22:10) 하나님의 뜻을 행하지 않으면(마 7:21), 예복을 준비하지 않으면(마 22:12) 바깥 어둠에 던져져 슬피 울며 이를 갈게 될 것이다(마 22:13). 이유는 청함을 받은 사람은 많지만 택함을 받은 사람은 적기 때문이다(마 22:14).

결국, 주님께서 경고하신 '혼인 잔치에서 택함을 입은 자가 준비해야 할 예복'(마 22:12)은 "주여! 주여!" 하는 자가 행해야 할 하나님의 뜻(마 7:21)이며 모세 선지자가 경계한 '책에 기록된 모든 명령을 지켜 행하는 믿음의 삶'이다(신 28:58).

그러므로 주님께서는 모든 족속을 제자 삼아 당신께서 분부한 모든 것을 가르쳐 지켜 행하라고 하셨던 것이다. "너희는 가서 모든 민족을 제자로 삼아 아버지와 아들과 성령의 이름으로 세례를 베풀고 내가 너희에게 분부한 모든 것을 가르쳐 지키게 하라 볼지어다 내가 세상 끝 날까지 너희와 항상 함께 있으리라 하시니라"(마 28:19~20).

———

모두가 아니라 남은 자만 구원하신다.

오늘 우리 교회 가운데 "주여! 주여!" 하는 사람들의 수는 셀 수 없이 많이 있지만 그들 모두가 구원을 받을 수 있는 것이 아니라, 주님으로부터 외면당하고(마 7:21~23) 종국에는 마귀와 그의 사자들을 위해 예비된 영영한 불못에 던져지게 될 것이다(마 25:41). 즉, 영벌에 처해지게 것이다(마 25:46).

바로 이 구속의 경륜이 남은 자만 돌아오게 하신다는 하나님께서 작정하신 섭리이다. "남은 자 곧 야곱의 남은 자가 능하신 하나님께로 돌아올 것이라 이스라엘이여 네 백성이 바다의 모래 같을지라도 남은 자만 돌아오리니 넘치는 공의로 훼멸이 작정되었음이라 이미 작정되었은즉 주 만군의 여호와께서 온 세계 중에 끝까지 행하시리라"(사 10:21~23).

———

예수 믿으면 무조건 천당 간다는 낙관적 구원관에 사로잡히지 말자. 곧 거짓 선지자들의 평강 타령에 미혹되지 말자.

지금 우리는 "주여! 주여!" 하는 입술의 고백만을 가지고 자신이 하나님으로부터 완전히 선택받은 사람이라고 자기의 구원을 장담하며 이 땅에서는 꿈을 이루고 왕의 자녀로서 영향력을 소유하는 축복받은 인생을 살면 된다고 확신한다.

구원과 관련한 이와 같은 황당하고도 그릇된 자신감은

모두가 자칭 제자 목회자들의 평강 타령 때문이다. 그러나 우리가 구원받기로 선택되었다는 사실 여부는 오로지 주님께서 이 땅에 다시 오실 때에만 판명 나게 된다.

그러므로 떨어진 우리 신앙의 자리(계 2:5)는 돌아보지 않으면서 오로지 자신은 구원받기로 틀림없이 예정된 사람이라고 확신하며 살아서는 안 된다. 평강 타령하는 자칭 제자 목회자들보다 월등한 신앙인이었고 주님의 종이었던 사도 바울처럼 우리의 구원을 두렵고 떨림으로 이루어 가야 한다. "내가 내 몸을 쳐 복종하게 함은 내가 남에게 전파한 후에 자신이 도리어 버림을 당할까 두려워함이로다"(고전 9:27). "나의 사랑하는 자들아 너희가 나 있을 때뿐 아니라 더욱 지금 나 없을 때에도 항상 복종하여 두렵고 떨림으로 너희 구원을 이루라"(빌 2:12).

———

교회 안에 있는 독초와 쑥의 뿌리는 예수 믿으면 무조건 왕의 자녀가 되고, 왕의 자녀는 무조건 잘된다고 맹신한다. 이들은 이미 모세 때부터 예언된 주인의 밭에서 자라나는 가라지들이다.

우리를 당신의 기쁘신 은혜와 뜻으로 선택하셨음을 말씀하신 하나님께서는 또한 선택받은 자 가운데서 자라나게 될 독초와 쑥의 뿌리에 대해서 예언하셨다. "너희 중에 남자나 여자나 가족이나 지파나 오늘날 그 마음이 우리 하나님 여호와를 떠나서 그 모든 민족의 신들에게 가서 섬길까 염려하며 독초와 쑥의 뿌리가 너희 중에 생겨서 이 저주의 말을 듣고도 심중에 스스로 위로하여 이르기를 내가 내 마음을 강퍅케 하여 젖은 것과 마른 것을 멸할지라도 평안하리라 할까 염려함이라 여호와는 이런 자를 사하지 않으실 뿐아니라 여호와의 분노와 질투의 불로 그의 위에 붓게 하시며 또 이 책에 기록된 모든 저주로 그에게 더하실 것이라 여호와께서 필경은 그의 이름을 천하에서 도말하시되"(신 29:18~20).

신명기서에서 모세 선지자가 하나님의 영으로 예언한 독초와 쑥의 뿌리는 세상 사람들이 아니라 이스라엘 가운데 생겨나는 무리들이다. 이들의 특징은 "이 저주의 말을 듣고도 심중에 스스로 위로하여 이르기를 평안하리라." 하는 자들이다.

여기서 "이 저주의 말"은 모세 선지자가 이스라엘 백성을 향해 그들이 비록 선택된 하나님의 백성이라고 할지라도 하나님께서 그들에게 명하시는 모든 율례와 규례를 지켜 행하지 않으면 필경은 반드시 멸절된다는 경고의 말씀이다(신 28:15~19, 47, 48~57, 58, 62~68).

독초와 쑥의 뿌리는 저주의 말씀, 즉 심판 경고의 말씀은 주의하여 듣지 않으면서 오로지 자신들은 구원받은 하나님의 선민이기 때문에 무조건 평안하리라, 즉 승리하고, 해결 받고, 복받고, 구원받는다는 맹신에 사로잡혀 있는 자들이다.

이들의 맹신이 얼마나 충만한지, 그들은 젖은 것과 마른 것이 멸절된다 해도 자신들은 절대로 구원받은 아브라함의 자손이기 때문에 평안하리라 하는 사람들이다. 이들은 그 어떤 경우에도 회개에 합당한 열매를 결실할 수 없는 자들이다. 하나님께서는 이와 같은 자들을 결단코 사하지 않을 것을 경고하셨다.

지금 교회 안에도 주님께서 분부한 모든 것을 지켜 행하지는 않으면서(마 28:19~30), 그리고 처자와 소유를 미워하기까지 예수 그리스도를 사랑하지는 않으면서(눅 14:26~27), 그리고 모든 소유를 버리기까지 주를 따르지는 않으면서(눅 14:33) 예수 제자인 양 자신하며 꿈의 포도주에 취해 비틀거리는 방종의 신앙인들이 너무나 많다.

이런 신앙인들의 특징은 예수님의 명령(마 28:19~20; 눅 14:26~27, 33)은 행하지 않으면서, 예수님의 명령을 지켜 행하지 않으면 구원받을 수 없다는 경고의 말씀은 귀 담아듣지 않는다. 오로지 자신은 구원받은 하나님의 백성이기 때문에 무조건 승리하고, 무조건 치유 받고, 무조건 응답 받고, 무조건 해결 받고, 무조건 복받고, 무조건 구원받는다는 맹신에 사로잡혀 있다. 이런 신앙인들이 바로 구약에서 예언된 신약판 독초와 쑥의 뿌리와 같은 존재들이다.

지금 교회 안에는 하나님의 뜻을 행하지는 않으면서 "주여! 주여!"만 하는 이름뿐인 신앙인(마 7:21; 계 3:1~2)들이 대량으로 생겨 나와, 즉 우후죽순처럼 자라나서, 지금은 하나님의 밭인 교회를 가득 채우고 있다.

이들이 아무리 스스로 구원받은 아브라함의 영적 자손으로, 하나님의 백성으로, 거룩한 제사장으로, 거룩한 나라로 자부한다고 할지라도 어떤 경우에도 구원받을 수 없다. 회개에 합당한 열매를 철저하게 결실하지 않은 이름뿐인 신앙인(계 3:1~2)의 죄를 하나님께서는 그 어떤 경우에도 사하지 않으실 것이다.

그들은 종국에 구원받은 아브라함 자손이라는 선민특권 사상에 젖어 있던 밤하늘의 별과 같은 무수한 이스라엘 백성이 약속의 땅 가나안에서 뽑혀 세계 각지로 흩어져 슬피 울며 이를 갈았듯이(신 28:62~68), 예수 그리스도 안에서 추방되어, 즉 생명의 빛으로부터 격리되어 바깥 어두움 가운데서 슬피 울며 이를 갈게 되는 영벌에 처해지게 될 것이다(마 7:21~23; 22:13; 24:51; 25:30, 41, 46).